Menino do mato

Manoel de Barros

Menino do mato

LeYa

Revisão de textos *Beatriz de Freitas Moreira*
Capa, projeto gráfico e paginação *Regina Ferraz*
Imagem de capa © *Martha Barros*

Dados Internacionais de Catalogação na Publicação (CIP)
(Câmara Brasileira do Livro, SP, Brasil)

Barros, Manoel de, 1916- .
Menino do mato / Manoel de Barros. – São Paulo :
Leya, 2010.

ISBN 978-85-62936-15-9

1. Poesia brasileira I. Título.

10-01394 CDD-869.91

Índices para catálogo sistemático:
1. Poesia : Literatura brasileira 869.91

2010

TEXTO EDITORES LTDA.
[Uma editora do grupo Leya]
Av. Angélica, 2163 – Conjunto 175
01227-200 – Santa Cecília – São Paulo – SP – Brasil
www.leya.com

SUMÁRIO

Primeira parte

MENINO DO MATO

O homem seria metafisicamente grande
se a criança fosse seu mestre.

SÖREN KIERKEGAARD

I

Eu queria usar palavras de ave para escrever.
Onde a gente morava era um lugar imensamente e sem
nomeação.
Ali a gente brincava de brincar com palavras
tipo assim: Hoje eu vi uma formiga ajoelhada na pedra!
A Mãe que ouvira a brincadeira falou:
Já vem você com suas visões!
Porque formigas nem têm joelhos ajoelháveis
e nem há pedras de sacristias por aqui.
Isso é traquinagem da sua imaginação.
O menino tinha no olhar um silêncio de chão
e na sua voz uma candura de Fontes.
O Pai achava que a gente queria desver o mundo
para encontrar nas palavras novas coisas de ver
assim: eu via a manhã pousada sobre as margens do
rio do mesmo modo que uma garça aberta na solidão
de uma pedra.
Eram novidades que os meninos criavam com as suas
palavras.

Assim Bernardo emendou nova criação: Eu hoje vi um
sapo com olhar de árvore.
Então era preciso desver o mundo para sair daquele
lugar imensamente e sem lado.
A gente queria encontrar imagens de aves abençoadas
pela inocência.
O que a gente aprendia naquele lugar era só ignorâncias
para a gente bem entender a voz das águas e
dos caracóis.
A gente gostava das palavras quando elas perturbavam
o sentido normal das ideias.
Porque a gente também sabia que só os absurdos
enriquecem a poesia.

II

Nosso conhecimento não era de estudar em livros.
Era de pegar de apalpar de ouvir e de outros sentidos.
Seria um saber primordial?
Nossas palavras se ajuntavam uma na outra por amor
e não por sintaxe.
A gente queria o arpejo. O canto. O gorjeio das palavras.
Um dia tentamos até de fazer um cruzamento de árvores
com passarinhos
para obter gorjeios em nossas palavras.
Não obtivemos.
Estamos esperando até hoje.
Mas bem ficamos sabendo que é também das percepções
primárias que nascem arpejos e canções e gorjeios.
Porém naquela altura a gente gostava mais das palavras
desbocadas.
Tipo assim: Eu queria pegar na bunda do vento.
O pai disse que vento não tem bunda.
Pelo que ficamos frustrados.
Mas o pai apoiava a nossa maneira de desver o mundo
que era a nossa maneira de sair do enfado.

A gente não gostava de explicar as imagens porque
explicar afasta as falas da imaginação.
A gente gostava dos sentidos desarticulados como a
conversa dos passarinhos no chão a comer pedaços de
mosca.
Certas visões não significavam nada mas eram passeios
verbais.
A gente sempre queria dar brazão às borboletas.
A gente gostava bem das vadiações com as palavras do
que das prisões gramaticais.
Quando o menino disse que queria passar para as
palavras suas peraltagens até os caracóis apoiaram.
A gente se encostava na tarde como se a tarde fosse
um poste.
A gente gostava das palavras quando elas perturbavam
os sentidos normais da fala.
Esses meninos faziam parte do arrebol como
os passarinhos.

III

Por modo de nossa vivência ponho por caso Bernardo.
Bernardo nem sabia que houvera recebido o privilégio
do abandono.
Ele fazia parte da natureza como um rio faz, como
um sapo faz, como o ocaso faz.
E achava uma coisa cândida conversar com as águas,
com as árvores, com as rãs.
(Eis um caso que há de perguntar: é preciso estudar
ignorâncias para falar com as águas?)
Ele falava coisinhas seráficas com as águas;
Bernardo morava em seu casebre na beira do rio —
moda um ermitão.
De manhã, bem cedo, ele pegava de seu regador e ia
regar o rio.
Regava o rio, regava o rio.
Depois ele falava para nós que os peixes também
precisam de água para sobreviver.
Perto havia um brejo canoro de rãs.
O rio encostava as margens na sua voz.

Seu olhar dava flor no cisco.
Sua maior alegria era de ver uma garça descoberta no alto do rio.
Ele queria ser sonhado pelas garças.
Bernardo tinha visões como esta — eu via a manhã pousada sobre uma lata que nem um passarinhos no abandono de uma casa.
Era uma visão que destampava a natureza de seu olhar.
Bernardo não sabia nem o nome das letras de uma palavra.
Mas soletrava rãs melhor que mim.
Pelo som dos gorjeios de uma ave ele sabia sua cor.
A manhã fazia glória sobre ele.
Quando eu conheci Bernardo o ermo já fazia exuberância nele.

IV

Lugar mais bonito de um passarinho ficar é a palavra.
Nas minhas palavras ainda vivíamos meninos do mato,
um tonto e mim.
Eu vivia embaraçado nos meus escombros verbais.
O menino caminhava incluso em passarinhos.
E uma árvore progredia em ser Bernardo.
Ali até santos davam flor nas pedras.
Porque todos estávamos abrigados pelas palavras.
Usávamos todos uma linguagem de primavera.
Eu viajava com as palavras ao modo de um dicionário.
A gente bem quisera escutar o silêncio do orvalho
sobre as pedras.
Tu bem quisera também saber o que os passarinhos
sabem sobre os ventos.
A gente só gostava de usar palavras de aves porque
eram palavras abençoadas pela inocência.
Bernardo disse que ouvira um vento quase encostado
nas vestes da tarde.
Eu sonhava de escrever um livro com a mesma

inocência com que as crianças fabricam seus navios
de papel.
Eu queria pegar com as mãos no corpo da manhã.
Porque eu achava que a visão fosse um ato poético
do ver.
Tu não gostasse do caminho comum das palavras.
Antes melhor eu gostasse dos absurdos.
E se eu fosse um caracol, uma árvore, uma pedra?
E seu eu fosse?
Eu não queria ocupar o meu tempo usando palavras
bichadas de costumes.
Eu queria mesmo desver o mundo. Tipo assim: eu vi
um urubu dejetar nas vestes da manhã.
Isso não seria de expulsar o tédio?
E como eu poderia saber que o sonho do silêncio era
ser pedra!

V

O lugar onde a gente morava quase só tinha bicho
solidão e árvores.
Meu avô namorava a solidão.
Ele era um florilégio de abandono.
De tudo que me restou sobre aquele avô foi esta
imagem: ele deitado na rede com a sua namorada, mas
se a gente o retirasse da rede por alguma necessidade,
a solidão ficava destampada.
Oh, a solidão destampada!
Essa imagem da solidão que ficara dentro de mim por
anos.
Ah, o pai! O pai vaquejava e vaquejava.
Ele tinha um olhar soberbo de ave.
E nos ensinava a liberdade.
A gente então saía vagabundeando pelos matos sem aba.
Chegou que alcançamos a beira de um rio.
A manhã estava pousada na beira do rio desaberta moda
um pássaro.
Nessa hora já o morro encostava no sol.

Logo adiante vimos um quati a lamber um osso de ema.
A tarde crescia por dentro do mato.
O lugar nos perdera de rumo.
A gente se sentia como um pedaço de formiga perdida
na estrada.
Bernardo completava o abandono.
Logo encontramos uma criame de caracóis nas areias
do rio.
Quase todos os caracóis eram viúvos de suas lesmas.
Contam que os urubus, finórios, desciam naquele lugar
para degustar as lesmas ainda vivas.
Se diz ainda que este recanto teria sido um pedaço do
Mar de Xaraiés.
Na beira da noite a gente estava sem rumo.
Bernardo apareceu e disse que vento é cavalo.
Então montamos na garupa do vento e logo chegamos
em casa.
A mãe aflitíssima estava.
Ela cuidava de todos: lavava, passava e cozinhava
para todos.
Porém à noite a mãe ainda encontrava uma horinha
para o seu violino.
Ela tocava para nós Vivaldi.
E a gente ficava pendurado em lágrimas.

Um dia que outro eu contei para a Mãe que tinha visto um passarinho a mastigar um pedaço de vento. A Mãe disse outra vez: Já vem você com sua visões! Isso é travessura da sua imaginação.
É a voz de Deus que habita nas crianças, nos passarinhos e nos tontos.
A infância da palavra.

VI

Desde o começo do mundo água e chão se amam
e se entram amorosamente
e se fecundam.
Nascem peixes para habitar os rios.
E nascem pássaros para habitar as árvores.
As águas ainda ajudam na formação dos caracóis e das
suas lesmas.
As águas são a epifania da criação.
Agora eu penso nas águas do Pantanal.
Penso nos rios infantis que ainda procuram declives
para escorrer.
Porque as águas deste lugar ainda são espraiadas para
alegria das garças.
Estes pequenos corixos ainda precisam de formar
barrancos para se comportarem em seus leitos.
Penso com humildade que fui convidado para o
banquete dessas águas.
Porque sou de bugre.
Porque sou de brejo.

Acho agora que estas águas que bem conhecem a
inocência de seus pássaros e de suas árvores.
Que elas pertencem também de nossas origens.
Louvo portanto esta fonte de todos os seres e de todas
as plantas.
Vez que todos somos devedores destas águas.
Louvo ainda as vozes dos habitantes deste lugar que
trazem para nós, na umidez de suas palavras, a boa
inocência de nossas origens.

Segunda parte

CADERNO DE APRENDIZ

Poesia é a descoberta das coisas
que eu nunca vi.
OSWALD DE ANDRADE

1

Eu queria ser banhado por um rio como
um sítio é.
Como as árvores são.
Como as pedras são.
Eu fosse inventado de ter uma garça e outros
pássaros em minhas árvores.
Eu fosse inventado como as pedrinhas e as rãs
em minhas areias.
Eu escorresse desembestado sobre as grotas
e pelos cerrados como os rios.
Sem conhecer nem os rumos como os
andarilhos.
Livre, livre é quem não tem rumo.

2

Invento para me conhecer.

3

Eu só faço travessuras com palavras.
Não sei nem me pular quanto mais obstáculos.

4

Escrever o que não acontece é tarefa da poesia.

5

A infância da palavra já vem com o primitivismo das origens.

6

Eu gosto do absurdo divino das imagens.

7

Sou beato de ouvir a prosa dos rios.

8

Para cantar é preciso perder o interesse de informar.

9

Pra meu gosto a palavra não precisa significar — é só entoar.

10

No gorjeio dos pássaros tem um perfume de sol?

11

Eu vi a manhã pousada em cima de uma pedra!
Isso não muda a feição da natureza?

12

Eu vi um lírio vegetado em caracol!
Isso não muda a feição da natureza?

13

Eu sempre guardei nas palavras os meus desconcertos.

14

Eu sustento com palavras o silêncio do meu abandono.

15

A maneira de dar canto às palavras o menino aprendeu com os passarinhos.

16

Visão é recurso da imaginação para dar às palavras novas liberdades?

17

Eu não sabia que as pedrinhas do rio que eu guardava no bolso fossem de posse das rãs.

18

Bernardo armou sua barraca na beira
de um sapo.
Ele era beato de sapo.
Natureza retrata ele.
Bernardo é criador.
Ele viu um passarinho sentado no ombro do arrebol.
Lagarto encostava nele para dormir.

19

Quando meu Vô morreu caiu em silêncio
concreto sobre nós.
Era uma barra de silêncio!
Eu perguntei então a meu pai:
Pai, quando o Vô morreu a solidão ficou destampada?
Solidão destampada?
Como um pedaço de mosca no chão.
Não é uma solidão destampada?

20

O menino que recebera o privilégio do
abandono.
Achava que o seu abandono era maior que
o abandono do lugar.
Mas o abandono do lugar era maior
porque continha o primordial.

21

Eu bem sabia que a nossa visão é um ato
poético do olhar.
Assim aquele dia eu vi a tarde desaberta
nas margens do rio.
Como um pássaro desaberto em cima de uma pedra
na beira do rio.
Depois eu quisera também que a minha palavra
fosse desaberta na margem do rio.
Eu queria mesmo que as minhas palavras
fizessem parte do chão como os lagartos
fazem.
Eu queria que minhas palavras de joelhos
no chão pudessem ouvir as origens da terra.

22

Eu estava parado no meio de uma oração
como se eu estivesse desenvolvido a vermes.
Veio a minha professora e me ensinou:
Tudo o que você tem de fazer é tirar do
seu texto as palavras bichadas de seus
próprios costumes — falou!
Poesia é um desenho verbal da inocência!

23

Tenho o privilégio de não saber quase tudo.
E isso explica
o resto.

24

Eu vi duas borboletas amarelas pousadas no
muro da tarde.
A borboleta maior enfiou uma coisa fininha
que nem tripa de lambari
na borboleta menor.
Ambas tremeram de amor durante.
Depois voaram buliçosas pelas ruas do jardim.

25

Ponho por caso um tonto.
Um que a natureza progredisse
para árvore.
Um que vadiasse de ave como
as pedras vadiam de orvalho.
Um que soubesse de flor
como as abelhas sabem.
Isso isso!
Ele era um tonto que quisesse
adquirir uma linguagem de rã.
Para se escrever em rã.

26

Quisera o canto jubiloso
que corresse por dentro de minhas palavras.
Como um rio destampado corresse para os
campos.

27

Eu vivo no meu relento.

28

O abandono do lugar me abraçou de com
força.
E atingiu meu olhar para toda a vida.
Tudo que conheci depois veio carregado
de abandono.
Não havia no lugar nenhum caminho de
fugir.
A gente se inventava de caminhos com
as novas palavras.
A gente era como um pedaço de
formiga no chão.
Por isso o nosso gosto era só de
desver o mundo.

29

Eu queria pegar na semente da palavra.

30

Minha professora me emprestou um livro do
Todorov.
Todorov escreveu que a linguagem poética
pertence à pré-história.
Pensei que a conversa que ouvira, um dia,
das rãs com as pedras e das pedras com
as águas.
Havia de ser linguagem pré-histórica e até
quase poética.
Faltasse talvez apenas a harmonia das
palavras.

31

Os sonhos não têm comportamento.
Sempre havia de existir nos sonhos daquele
menino o primitivismo do seu existir.
E as imagens que ele organizava com o
auxílio das suas palavras eram concretas.
Ele até chegou um dia a pegar na crina
do vento.
Era sonho?

32

Vinham de longe para mim os silêncios
desprezados.
Até mesmo eu achei o silêncio das pedras menos
do que desprezados.
Mais tarde eu li em Herbert Read que as
metáforas fazem o caminho das origens.
Pois que as minhas visões tinham tudo a ver
com o caminho das origens.
Hoje eu vi um passarinho comendo
formigas de pedra!
Eu quase duvidei se existem formigas de pedra!

33

Naquele dia eu estava um rio.
O próprio.
Achei em minhas areias uma concha.
A concha trazia clamores do rio.
Mas o que eu queria mesmo era de me
aperfeiçoar quanto um rio.
Queria que os passarinhos do lugar
escolhessem minhas margens para pousar.
E escolhessem minhas árvores para
cantar.
Eu queria aprender a harmonia dos
gorjeios.

34

Ele sabia que as coisas inúteis e os
homens inúteis
se guardam no abandono.
Os homens no seu próprio abandono.
E as coisas inúteis ficam para a poesia.

35

Eu queria fazer parte das árvores como os
pássaros fazem.
Eu queria fazer parte do orvalho como as
pedras fazem.
Eu só não queria significar.
Porque significar limita a imaginação.
E com pouca imaginação eu não poderia
fazer parte de uma árvore.
Como os pássaros fazem.
Então a razão me falou: o homem não
pode fazer parte do orvalho como as pedras
fazem.
Porque o homem não se transfigura senão
pelas palavras.
E isso era mesmo.

36

O primeiro poema:
O menino foi andando na beira do rio
e achou uma voz sem boca.
A voz era azul.
Difícil foi achar a boca que falasse azul.
Tinha um índio terena que diz-que
falava azul.
Mas ele morava longe.
Era na beira de um rio que era longe.
Mas o índio só aparecia de tarde.
O menino achou o índio e a boca era
bem normal.
Só que o índio usava um apito de
chamar perdiz que dava um canto
azul.
Era que a perdiz atendia ao chamado
pela cor e não pelo canto.
A perdiz atendia pelo azul.

Este livro foi composto
em Electra para a Leya em
fevereiro de 2010.